은혜의 강물

김일규 제3시집

삶의 마음이 아픈 자는 이야기 꾼이 된다.
그러나
삶의 살이 아픈 자는 시인이 될 수밖에 없다.

영문 詩選 ⑱

은혜의 강물

■
초판 1쇄 인쇄 / 2022년 4월 20일
초판 1쇄 발행 / 2022년 4월 30일

■
지은이/김 일 규
펴낸이/김 수 관
펴낸곳/도서출판 영문
03401 서울시 은평구 역말로 53(역촌동)
☏ (02)357-8585
FAX • (02)382-4411
E-mail • kskym49@daum.net

■
출판등록번호/제 03-01016호
출판등록일/1997. 7. 24

정가 12,000원
ISBN 978-89-8487-357-5 03810
Printed in Korea

영문 詩選 ⑱

은혜의 강물

김일규 제3시집

도서출판 영문

머리말

때 묻은 시집을 출간하며

울면서 태어나 허공에서 허덕이다 흔적 하나 없이 사라질 인생, 점이라도 하나 찍고 떠나려는 내 애틋한 삶의 이야기, 오물 묻은 시집을 내려한다.

왠지 선무당 사람 잡는 것만 같아 착잡한 마음 숨길 수 없다. "삶의 마음이 아픈 자는 이야기꾼이 되고, 삶의 살이 아픈 자는 시인이 된다."

어느 시인의 말을 되씹으며 내가 바라는 것들 다 하지 못하고 내 싱거운 삶에 양념 쳐 시집을 낸다는 것이 시를 모독하는 것만 같아 나오는 선웃음을 숨길 수 없다.

시를 쓴다는 것은 일상생활에서 겪고 체득하고 느낀 이야기들을 끄집어내 '시'라는 문학적 형식을 빌려 그저 담담하게 나오는 대로 토막 쳐 써놓는 것이라 믿고 덤벙대며 무리한 억지를 쓰고 있는 내 꼴이 우스꽝스럽기만 하다.

나는 나 자신을 소개할 거리가 없는 늙은이 뿐이다.

시라는 문학적 수련도, 탄탄한 기초도 없다. 지고한 시성도, 시풍도 없다. 물론 등단한 적이 있을 리 만무하다. 등단은 나에게 그림의 떡이었다.

고백컨대, 웃음과 울음 사이를 서성이며 살아온 내 삶의 추한 모습을 들키는 심정이다.

대자연에서 다섯 벗을 얻어 푸르게 살다 가신 고산 윤선도 선생님의 숭고한 삶을 동경하며 살아온 내 80 여생의 마지막 길에 고운 웃음꽃 한 잎 피워 물고 가기를 바랄 뿐입니다.

힘써 일하고 애써 사랑하며 살아온 내 17가족, 그래도 사랑을 담아 나와 더불어 살아오신 모든 분들께 고마운 마음 드립니다.

그간 정리해서 담아두었던 마음의 메아리들을 3권의 시집으로 엮어보았습니다

제1집은 '하늘공원'으로

제2집은 '여름 옥탑방'으로

제3집은 '은혜의 강물'로 정리했습니다.

출간을 도와주신 영문출판사 김수관 장로님께 깊은 감사를 드립니다.

2022년 4월 봄날에

저자

차례

한줄기 벚꽃

짤리고 깎인 험난 속에서
골수의 진액 송진으로 이겨낸
상처투성이 괭이 많은 소나무 사이로

모가지도 짤려 버리고
꺾이어 버린 가지들 중에
용케도 혼자 살아나
가늘게 뻗어난 외줄기 가지 끝에
곱게 차려진 벚꽃동네

파아란 하늘자락 두르고
살랑 봄바람 등을 타고
인고의 삶을 자랑하네

2012. 4. 18. 용옥정에서 한 줄기벚꽃을 보면서

꽃눈

한 줄기 봄바람이 지나갑니다
나풀
눈송이처럼
꽃 눈이 내립니다

지나는 꼬마들
금빛 머리카락위에도
작은 어깨위에도
하얀 꽃잎들이
가벼웁게 무등을 탑니다

와아! 와아!
동네 꼬마들이 함성을 지릅니다
깡충깡충
두손 벌려 꽃눈 받으며
토끼춤을 춥니다

사랑의 손길에 끌려가는 엄마들
부푼 가슴이 출렁입니다
뒤 따르는 할머니들
주름진 얼굴에도
함박꽃이 피여납니다

2012. 4. 18. 용왕정을 내려오면서

김치찌개

시퍼런 잎!
싱싱한 줄기!
그 빳빳하던 사지를
소금에 절이고 저려 노곤해진 몸
시련의 고춧가루
눈물의 파, 마늘
양념으로 잘 버무려져
한생을 완성하여
젊은 입맛 돋우었네

인고의 시간속에
독안의 고독으로 얼리고 녹이며
싸콤, 새콤한 묽은 김치로
삼겹살과 몸을 썩혀
허물 뼈까지 녹여
김치찌개 감칠 맛으로
늙은 입맛 도우네

2012. 5. 8. 어버일을 맞아 김치찌개 끓여 먹으며

P.D 공주에게

잊지 마라!
P. D란 네 인생의 꽃을
향기 그윽히 피어날 시절이 다가오고 있단다
인생에도 계절 있기에
아직 필때가 되지 않았을 뿐이다
바람에 흔들리고
햇빛에 여물다 보면
때 맞춰 황홀하게 네 꽃이 피여 오를 것이다
지금은
더하면서 힘들고
빼면서 고통스러워도
결코 지쳐말고
오직 싱그러운 푸르름으로 너의 꽃나무를 가꾸어라

2012. 9. 30. 추석날 할아버지가

나팔꽃

새까만 어둠을 깨뜨리고
별안간 이슬을 머금고
아침 나팔을 분다
길고 가녀린 넝쿨손으로
덤불을 타고 올라
넓은 허공을 휘여 잡고
하루를 힘차게 연다

태양을 향해
청초한 삶을 끈질기게 밀어 올려
구름을 이고
새들의 날개를 받치고
연분홍 웃음 짙은 향기로
파아란 하늘 가득 채우다
슬며시 찾아도는 어둠에
삶의 여운을 남기고
하루를 조용히 닫는다

2012. 10. 3.

곰삭은 정

사랑도 세월따라 늙는가보다
머어먼 그날
낙동강 강둑을 따라
두손잡고 나란히 거닐던 설레임
백사장 모래알의 하얀 속삭임
가슴 터질 듯 두근거림의 입맞춤
흐르는 세월따라 숙성해져
찐한 액기스가 되어 찐덕거린다

벽에 걸린 풍경화가 무료해지듯
다정한 결혼사진이 바래지듯
서서히 중심에서 밀려나
이제는 저만치
인생의 황혼길에 서서
얼굴에 주름살 훈장 달고
서로 마주오는 눈가에
하얗게 서리는
곰삭은 사랑을 느낍니다

2012. 12. 16. 47주년 결혼기념일을 맞아

내가 교회를 가는 것은

지금 내가 교회를 가는 것은
내 아버지께 재롱을 부리려 가는 것이다
세상의 모든 번거러움 다 잊어버리고
아버지 품에 포근히 안겨
편안히 쉬러가는 것이다

오늘 내가 교회를 가는 것은
하나님의 생수를 마시러 가는 것이다
한 바가지 사랑의 마중물을 맞아
갈증나는 내 목을 촉촉이 적시고
추한 내 영혼 깨끗이 씻으려 가는 것이다

지금도 내가 교회를 가는 것은
내 여호와를 뵈오려 가는 것이다
아버지의 진리를 바로 깨달아
묶은 내 허물 벗어던지고
새로운 자유를 누리려 가는 것이다

오늘도 내가 교회를 가는 것은
내 아버지를 모시러 가는 것이다
아버지 집 천국에서
그 아버지의 합당한 아들로
영원히 함께 살러 가는 것이다

2012. 12월 한해를 보내며

무지개

내가 혼자로 마음 허전할 때
내 알맹이들을 찾는다
언제나 어디서나 그러하듯이
내 핏줄이라 든든했는데
세월의 헐렁한 이 해거름에
두 손 모으고 살포시 눈을 감는다
새 하얀 내 마음자리
하늘자락 두른 푸르런 동산에
빨.주.노.초.파.남.보
일곱색깔 무지개로
꿈길을 놓고 두둥실 하늘 오른다
분연히 떠오른 일곱 색깔 무지개
영원히 사그라들지 않을 고운무지개
내 마음 황홀 하여라

2013. 2. 10 기미년 설날 할아버지가

웃는 별

할아버지
나 회장 되었어요

회장!
네에-
친구들이 너가 참 좋은 모양이구나

아녀요!
내가 친구들을 좋아하니깐요

언제나
어디서나
서로 손을 맞잡고
깔깔깔깔
웃는 별이 되었구나

2013. 3. 13. 할아버지가

만세

그래 장하다
우리의 영원한 Hope!
개천에서 용이난다
별이 웃으며
산천이 춤을 추누나
예약된 그 자리
제27대 대통령 김태연!
가문의 영광
대한민국 만세다

2013. 3. 13. 할아버지가

흔들리는 마음

공부를 아니하고
맨날 놀기를 좋아한다고
오늘도 또, 엄마에게 꾸중을 들었다
이젠 엄마의 잔소리가 싫다
쾅!
내 방문을 닫고 책상앞에 앉았다

컴퓨터 게임이나 할까!
친구집에 놀러나 갈??!
아니다
불을 끄고
팔(八)자로 벌렁 들어누워 버렸다

똑 똑 똑
별들이 창가에 내려 앉아 노크를 한다
"아는 것이 힘이다"
살며시 속삭인다
내 마음 자꾸만 흔들린다

2013. 4월 신학기를 맞아 손자들에게

나누는 삶

가진 것이 많아야 행복한줄 알았습니다
가진 것이 많으면 많을수록 부족한 것이
더 많아지는 것을 몰랐습니다

내 것이 많아야만 나눌 수 있는 것인 줄 알았습니다
부족한 가운데서 더 많이 나눌 수 있다는 걸
몰랐습니다

나누는 삶이란?
내 것이 주는 줄만 알았습니다
내것이 더 는다는 것을 진정 몰랐습니다
받는 것 보다 주는 것이 더 행복하다는 것을
그저 건성으로만 알았습니다
작은 것을 나누면 더 큰 것을 얻어진다는 것을
진정 나는 몰랐습니다

인생 七旬 從心이라더니
더불어 사는 삶이 무엇인가를
이제야 알았습니다
부족해도 부자로 사는법을
늦게야 깨달았습니다

2013. 4. 12.

명덕동인회 중앙대 병원출신최용길 동지모임을 결성하고

어머님 젖무덤

봄꽃들이 줄지어 져 가고
아카시아 꽃 향기 가득한 그날
고달팠던 삶을 내려놓으시고
이곳에 육신 누이시고
쌓아올린 작은 토막집

세상으로 살짝 내민
도톰한 어머님 젖가슴

어언 19년
그 세월 모퉁이 돌아
윤기도 사라지고 모유도 마르고
푸른 비단옷도 낡아 사그라지고
들어나는 어머님 맨 젖가슴
파릇 연초록 그리움 안고
어루만져 봅니다

2013. 5. 4. 19주년 추모식에 성묘하면서

모듬발

타박! 타박!
모듬발로
늙은이 계단을 오른다
난간을 잡고서 힘겹게 오른다

후다닥! 후다닥!
잰 걸음으로
젊은이 계단을 오른다
용수철처럼 튀여 오른다

늙은이 서러움인가?
흔들리는 중심을 난간에 두고서서
빨리도 스쳐간 젊음을 부러워 한다

엉금 엉금
게 걸음으로
할아버지 계단을 내려간다
후들거리는 몸 힘겨워 내려간다

다다닥 다다닥

총알걸음으로
청춘이 계단을 내려간다
미끄럼타듯 흘러내린다

늙음이 죄이련가
난간 붙들고 비켜선 늙은이
개찰구로 빨려든 젊음을 그리워한다

젊음은 늙음을 알지 못한다
언젠가는
젊음이 늙음으로 이어진다는 것을
오를때보다 내림이 더 힘들다는 것을

젊은은 인생을 알려하지 않는다
오르고 내리는 것이 인생이라는 것을
걸음이 멈추는 곳에 죽음이 있다는 것을

인생열차는
젊음과 늙음을 함께 싣고
종착역을 향해 달려가는데

2013. 5월 엘리베이터 없는 지하철역 계단에서

춤추는 나무

새들이 앉았다
날아간 나뭇가지
파르르 떨고 있다

훌쩍 떠나보낸 아쉬움인가?
님 보내고 혼자 남은 외로움인가?

나무는
피곤하여도 주저 앉지 않는다
아쉽고 외로워도 들어눕지도 않는다
비바람 몰아쳐도 한결같이
그 자리 굳굳이 서서 춤을 춘다

파아란 하늘이 내려와
사랑의 전율을 쓰다듬고 있다

산돌 잎새에 이른 바람
남실바람에 춤을 추고 있다

2013. 5. 20. 노옥심 입관식을 다녀와 왕재산 공원에서

차 한잔

눈 먼 지난세월
작은 움막 지어놓고
삶에 해진 마음자리
땀땀히 깁고 기워
차 한잔 올립니다

햇빛 숨어드는
여나무 평되는 작은집에
여물지 못한 꿈의 잔재
알알이 주워모아
차 한잔 올립니다

우리 남은 짧은 세월
작은 교회 하나 세워 놓고
세월 꼭대기 하늘 길 바라보며
못다한 사랑 녹여
차 한잔 올립니다

2013. 5. 27. 생일 저녁 아이들 보내놓고 단 둘이 남아서

문지기

도르륵! 도르륵!
오늘도 샷타를 밀어 올린다
싱그러운 새벽빛을 한 아람씩 펴서
건물 구석 구석을 깨운다

삶의 애틋한 흔적을 찾아 지우고
사념의 파편들을 이삭처럼 주워 모아
살찐 염을 해 장사지내고
어제의 먼지 털어내여
하얀 오늘을 깔아 놓는다

웃는자 웃어주고
우는자 울어주고
삶에 솔선하는 자 고개숙여 격려하고
반칙하는 자 Yellow 카드 내밀고
서로 어울리지 못하고 맴도는 현실
소통의 다리놓아 이해와 용서의 술잔 나누어
사랑과 융화의 깃발들고
사장님을 말꼬리에 비위 맞추고
객기 부리는 구경꾼 입씨름

쓸개 빼 던져버린 알몸으로
부대끼며 달래어 고삐 물리고

두 팔 길게 뻗어
심호흡 한번 크게
하얀 웃음 피워 물고
사르륵! 사르륵!
소중한 하루를 닫는다

2013. 6. 30. 임대료 관리를 넘기며

우리는 하나

해도 하나
달도 하나
지구도 하나
이 중에 우리도 하나

내 속에 너가 있고
너 속에 내가 있어
더욱 든든한 우리

내가 없으면 너의 존재 의미가 없고
너가 없으면 나의 존재 의미가 없어
더욱 소중한 우리

우리는 하나
자연도 하나
너의 날숨이 내 들숨되고
나의 날숨이 너 들숨되어
더욱 다정한 우리

물 안개 용트림으로 하늘 오르고

맑은 계곡 물소리 힘찬 행진곡
짙어만가는 푸르름
세찬 빗방울에 목욕을 하고
싱그러운 바람안고 춤을 추누나

일곱색깔 고운 무지개 꿈길을 놓아
보름달 같은 웃음
으스러지도록 껴안고 싶은 피의 향연!
아름다운 것은 하늘로 올리고
더러운 것은 계곡물에 흘려보내고
생기 넘쳐 흐르는 "신바람"
참! 살만한 인생이구려!

2019. 7. 13. 기미년 명지계곡 용주못에서(가족야유회)

문방구

묵은 한해를 보내고
새로운 한 해를 맞아
내 아이들에게
희망과 꿈을 전할
꽃봉투를 사러
문방구에 들렸다
한 권의 그림노트를 사는
아이들을 본다
그들은 해와 달을
꽃 이름과 별 이름을 적을 것이다
그래서
나는 크다란 노트첩을 샀다
내 삶의 후반기를 메모해 놓은
일상시를 정리하려는
간절한 생각으로
그런데
나오던 발길을 되돌려
지우개를 더 샀다
X자로 잘못그려진 그림 있으면
그것을 지우고 O자를 그릴려고

2015년 을미년 일상시 5권을 마련하면서

사나이 눈물

울고 싶어도
울지 못하고
안으로 안으로
눈물을 구겨 넣었는데
결국 감당하지 못해
그만
터지는 울음보
아프고 슬픈 눈물이
폭포수처럼 쏟아진다

1982년 농협 삼선지점 부도를 내고

한잔술의 독백

한잔술에
사르르 스며드는 온기에
내 굶주린 허기 가시고

두잔술에
사르르 스며드는 훈기에
시든 내 몸 피로 풀리고

석잔술에
찌리리 전해오는 전율에
불만, 초조, 찌든마음 사라지고

넉잔술에
산천초목이 웃음짓고
하늘에 별들이 춤을추네

다섯잔술
얼씨구나!
아리랑 고개를 넘어
하늘과 땅이 출렁이네

술잔에 술잔을 더하니
술이런가 물이런가
부어라! 마셔라!
옥향의 역정이 솟아오르고
객기로 온세상 통체로 삼키네

결국 어쩔 수 없네
허무한 길섶에 홀로 버려져
남루한 몰골로 우주를 토하네

1982. 4월

아버지의 넋두리

두유밀 뻥튀기도 터져 흩어지고
쌀 부자의 꿈도 깨어지고 쪽박을 찼구나!
아들아!
아버지는 술이 필요하구나
도저히 취하지 않고는 견딜 수 없는
힘든 날이였단다
가난과 배고픔! 이 서러운 날개를 달고
생존의 외로운 회전목마를 돌리노라
무척 힘겨웠단다

여름철 거칠게 쏟아지는 소낙비가
모두 술이되여
온 세상이 술에 잠겨 허우적되는 망상에
쓴 웃음짓는 미치광이가 되고 싶었단다

아들아!
이 애비는 아버지로 아들앞에 바로서지 못하고
설거지통에 쌓인 빈그릇보다 더 지저분하게
나 자신을 팽개쳐 놓고 살아온 추한
무지랭이였구나

아들아!
아버지도 꿈도 그리움도 많았단다
돈! 출세! 사랑!
하지만 내 가슴 저 밑바닥에 깊이 자리잡고 있는
가난! 번민! 고통! 얼룩진 이 분노를 어찌하랴
이것들을 익사시키려 아무리 술을 마셔도
수영선수되여 잘들 빠져 나가고
그 자리엔 나의 이상이 그리움이 익사하고 만
허무함

부어라! 마셔라!
살기를 포기하고 술 바다에 뛰여들어 허우적되는
가련한 술 주정뱅이가 되었단다

아들아!
아버지와 아들!
잘나고 못나도 그 아버지에 그 아들
비록 빰을 때리고 맞아도
여기엔 영혼이 깃들어 있는 것을
부자지간(父子之間) 불책선(不責善)이라
우리 서로 자책하지 말자구나!
이것만은 너와 나 함께 삼성오신(三省吾身)사는동안
황홀한 그리움의 영원한 반석이 되리라

아들아!

어느덧 해는 서산마루에 걸리었구나
세상은 울긋불긋 단풍이 돌고
아버지의 인생도
해거름! 산그림자 길게 늘어진 삶의 기슭에서
믿음직스런 아들의 뜨거운 손길 느끼며
흘리는 매미의 참회의 눈물자욱에서
번쩍!
스쳐 지나가는 한줄기 섬광을 보는구나

1982년 가을에 진웅이와 마주침에서

지붕위의 박꽃

새 하얀 박꽃
해가 떠오르면
하얀 속살이 그을리까봐
마음 문을 닫고
꼬박 졸고 있다가

해가 지면
마음 문을 열고
지붕 위 하늘자락 깔고
하얀 웃음으로
별들과 더불어 도란도란
사랑을 속삭이며
외관 남자에게 윙크를 한다

1984년 이천 백사골 엄마와 함께

도라지 꽃

주인 나간 허술한 집
묵은 터 밭에
잡초를 이기고 피어난
도라지 꽃
밤에는 하늘 올라 별이 되었다가
낮이면 심심산골 외진 터 밭에
살며시 내려와 꽃이 되어
슬픈 외지 나그네 반기네

1984년 이천 백사골에서 배추농사 지으며

까치집

키 큰 버드나무
파아란 하늘자락 길게 두른
푸른가지 뻗은 삼각터에
작은 나뭇가지 물어와 석가래치고
작은 입으로 진흙 찍어와 이개고
은빛 햇살
거밋줄 엮어
보름달처럼 둥근
동긋한 까치집
지나간 여름 모진 폭풍우에도 끄덕없네
아빠 까치 엄마까치 새끼 오누이
까악! 까악!
아침 인사 반가워라

뜰에는 하늘자락 곱게 깔고
구름도 내려와 쉬여가고
바람도 잠시 놀다가는 둥근 까치집
해 떠오르면 새들이 찾아와 노래하고
해 지면 고요히 잠드는 푸른 정원에
밤새 별들이 내려와 사랑을 속삭이네

1984년 이천백사 우물집에서

빈집

경기도 이천 백사면
오가피 꽃 붉게 피는 마을
백사골 들어가는 그 초입
큰 대문을 삐거덕 열고
행랑채를 거쳐 마당에 들어서면
왼쪽 몸채 대청마루 쓸쓸한 죽순화분
오른쪽 사랑채 모퉁이에 매화나무 한 그루
서울로 가고 없는 주인 없는 빈집 지키고 있네

곡간엔 알곡이 없고
외양간에 송아지도 없고
닭장엔 닭이 없고
돼지우리에는 돼지 없이 둘러있는 빈집에

청춘과부로 늙으신 할미어멈과
그 아들 외동중년 달랑 두 모자
세파에 떠밀려 피난처 되었네

안채를 휘돌아 지나면 우물이 깊고
우물지나 장독대를 지나 텃밭에는

밤이면 내려와 별이 되었다가
아침에는 방긋 웃음 웃는 도라지꽃이 객을 반기네

이웃이란 달랑 앞집 한 채
조씨 형님 부부 내외
오늘따라 물 깃는 발길이 가볍고
뒤 따르는 구슬이 꼬리 홍겨웁네
행여나 귀한 손님이 오려는가
이웃 버드나무 보름달집 까치식구
뜰 앞에 내려 앉아
까악! 까악!
아침 인사 반가웁네

이천백사에서

옹기전 할버지

나는 헛개비
옹기를 닮아 텅 비여 있다
주둥이도 없이 밑 빠진 독이 되어
햇살 스쳐 지나간 구석진 곳
낙엽 몰려든 아주 낮은 곳
똥 걸레풀 옆에 나란히 서 있다

산 그림자 길게 뻗힌 해거름
탁배기 한잔 쭉 들이킨
옹기전 할버지 붉그레한 얼굴에
깃든 저녁노을이
할버지 인생을 감싸
밑 빠진 독에 담긴다

1984년 이천 장날 옹기전을 둘러보고, 할아버지 함께

홍시

비가 오려나
서리가 내리려나

생명의 참맛
인생의 손맛
듬뿍 묻은 손가락을 빨며
흰 가지 뽀얗게 핀 장독을 덮는
삶의 등고선이 곱게 드리우진 엄마의 얼굴
피어나는 웃음꽃 가득한 장독위로
굳게 뻗은 감나무 가지 끝에

세월 지나
나그네 할멈의 기도
기다림은 완성시킨 빨강 홍시 하나
대롱! 대롱!
위태롭게 매달려
짝 잃은 한 마리 까치를 기다리고 있다

1984년 백사골에서

내 그림자

언제나 어디서나
찰싹! 나를 따른다

내 발자국 하나도 놓치지 않고
눈 코 없는 밋밋한 모습으로
끈질기게
내 몸에 찰싹 따라 붙는다

영원히 끊을수도 지울수도 없다
어쩌다
흐리고 비오는 날이면
내 가슴에 숨었다가
비 그치면
햇빛 등을 타고
내 일거수 일투족 놓치지 않고
찰싹 달라 붙는다

해 저물어 노을지면
길게 늘어진 산 그림자 따라
지친 내 몸 길게 받쳐 들어 쉬게 하다
어두운 밤이되면
찰싹! 한몸되여
백년의 동침을 한다

1984 백사에서 가족을 그리며

줄타기

메마른 옥상
길게 늘어진 외로운 빨랫줄

황달 걸린 런닝사스
발 냄새 찌들었던 검은 양말 한 쌍
작은 집게로 매달려 있다

새가되어 훨훨 하늘을 날아갈 듯
싱그러운 바람결에 신나게 춤을 추고 있다

길게 늘어진 주인 잃은 바지 가랑이
허공을 휘저어 뛰며
자유를 향해 어디론가 달아나고 있다

가늘고 긴 외줄 빨랫줄에
모두가 하나되여
홀애비 묵은냄새 털어버리고
꽃 향기 뿌리는 마술로
줄타기 묘기를 하고 있다

1999년 여름에

숲으로 오르는 길

도봉산 숲길을 따라
나는 숲길을 가네
호젓한 숲길에서
이마에 맺힌 땀방울 씻고
잡다한 생각 다 내려놓고
싱그러운 숲 냄새 마음껏 마시며
코를 훔치고 입을 벌려 힘들게 올라가네

나는 숲길을 가네
달디단 싱그러움
가슴 크게 열어 듬뿍 마시며
가슴 크게 움츠려 묵은 냄새 토하고
숨가파 헐떡이며 올라가네

나는 숲길을 가네
길가 줄 지어선
이름 모를 꽃 송이
별처럼 반짝이는 꽃 망울 보며
일곱색깔 고운 무지개 피어오르는
푸른 하늘을 보려 힘들게 올라가네

1999년 여름에

가을이 가는 길

하늘은 높고 푸르다
산이 빨갛게 익어가고 있다
결혼을 앞둔 처녀의 뺨처럼

유리알처럼 맑은 내 영혼
가을 산을 따라 하늘을 오른다
마지막 잎새따라 떠나갈 가을을 품고

한들! 한들!
여린 코스모스
길가 나란히 줄지어 서서
간들! 간들!
여린 손 흔들어 여름을 보내고
산들! 산들!
유혹의 몸짓으로 겨울 부른다

1999년 가을에 도봉산은 오르며

현관 유리창

현관 유리창을 닦는다
찬 슬픔이 어른거리는
혼탁한 세상먼지를 닦아낸다
뽀드득, 뽀드득
저녁 밥쌀을 씻는 소리가 난다
아무것도 없는 투명한 자리
물먹은 별이 보석처럼 박힌다
무심한 파리 한 마리
부딛혀 미끄러진 마알간 자리
건널목을 손들고 건너는
어린 아기의 해맑은 웃음소리가
찰싹 달라 붙는다

2000년 새 천년을 맞아 현관 유리창을 닦으며

봄이 오는 길목

봄이 올라오고 있다
머언 남쪽 내 고향 남산 뜰에서
언덕을 넘어
강을 건너
이제 모퉁이를 돌면
내 고향 상달골
골짜기를 불태우던 진달래 물길을
고향 오두막 집 울타리를 곱게 장식한
노오란 그리움을
반겨 맞을 수 있을 것이다
봄이 오는 길목 둥근 로타리에서
내봄을 안고 살랑! 살랑!
흥겨웁게 춤을 추리라

2000년 새 천년 봄을 맞으며

공부를 한다는 것은

공부를 한다는 것은
때가 따로 있는 것이 아니다
평생 하는 것이다

공부는 빠르고 늦은 것이 없는 것이다
할때가 빠른때고 안할때가 늦은때다

공부는 당장 쓸모있어서 하는 것이 아니다
해야만 하고 아니해서는 안되는 것도 아니다
숨을 생각하고 쉬는 것이 아닌것처럼
밥을 먹는 것은 따지지 않는것처럼
공부는 숨쉬고 밥먹듯 늘 해야만 하는 것이다

2000년 새천년 새 학기를 맞아서

서투른 글쟁이

나는 나를 잘 알지 못한다
그러기에 내가 누구라 말 할 수가 없다
나는 내 인생을 더욱 알수가 없다
그러기에 내가 살고 있는 세상을 말할 수가 없다
나 자신을 모르는 내가 세상을 어찌 아랴
모두가 내것이 아니기에 알 필요가 없었나 봅니다
그래도
이 세상 내가 살아 있음에
그저 시작도 끝도 없이
두리뭉실 헝클어져 있을 뿐이다
세상살이가 너저분하게 흩어러져 있는 내 구석방
헝클어진 실타래를 갖고노는
고양이 한 마리 기르고 있는
나는 무지랭이 글쟁이일 뿐이다

세상은 넓고
하늘은 높고 푸르다
학처럼 높이 나르지 못하고
매처럼 멀리 보지 못하고
낮고 낮은 구석진 삶의 기슭에서
터져 나오는 낟알 주워먹는
작은 참새 한 마리 외로운 짹짹거림
나는 서투른 글쟁이 뿐이다

2000년 새 천년을 맞아 봄에

나는 무지랭이

사랑은 커다란 것이 아닙니다
아주 사소한 것입니다
하지만
나에겐 그 사소한 것이 너무나 어려웠습니다
아려오는 시간의 찢어짐 속에
내 삶은
검은피가 되어 흘러내립니다
내 피가 붉은피가 되기까지는
주님의 십자가를 져야 하나 봅니다

사랑은 만들어지는 것이 아닌가봅니다
구걸도 강요도 더욱 아닌
끌어 당기고 끌리는 지구의 인력과도 같은
자연스런 힘인가 봅니다
바로
하나님 섭리인가 봅니다

그러나
나는 내 십자가를 질 수가 없습니다
그러기에

나는 내 하나님의 섭리를 더욱 느낄수가 없습니다
내가 살아가는 사소한 일들이
그저 시시할뿐입니다
내가 사는 삶의 참 의미를 깨닫지 못하는
나는 서글픈 무지랭이입니다

2000년 교회를 나가면서

재생의 꿈

손을 확 뒤집어
사랑도 주고
정 도 주고
맛도 향기도 다 내어주고
질긴 껍데기만 남아
버려진 폐품으로
폐인의 손 수레에 실려
사그라드는 저녁 노을길을 간다

재생의 꿈을 안고
낮은 곳으로 더 낮은 곳으로
꾸겨지고 다져진 몸짓으로
목이 타는 애타는 죽음이여
새롭게 태여나리라

2000년 여름 어느날 재생품 수거 노인을 만나 재생품을 정리하면서

교회를 가는 길

오늘도 나는 교회를 간다
내가 교회를 가는 길은
어느새
나에게 한길이 되었네
내 삶의 한 부분이 되었네
내가 교회를 가는 것은
내 가진 내 십자가가 너무 무거워
발걸음 가볍게
오늘도 나는 교회를 간다

오늘도 나는 내 아버지 집으로 간다
내 아버지를 만나러 가는 것이다
내 영생의 유산을 받으러
오늘도 나는 아버지 집으로 간다
아버지가 퍼 올리는
한 바가지 마중물을 마셔
목마른 내 영혼 촉촉이 적시려
오늘도 발걸음 가볍게
내 아버지 집으로 간다

2000년 추석예배에

순회하는 복

검은머리 흰 머리 반죽이 예쁜
가슴 풍만한 중년 여인
사람들의 비좁은 틈새를 비집고
객실 한 가운데 서서
목청을 돋운다
예수를 믿고
하늘 복 받아
멋지게 살아
지옥 가지 말고 천국 가시라고
메마른 가슴들, 텅빈 마음들
떠 있는 객실 안
순회하는 하늘 복이 넘쳐 흐를뿐
어느 누구 하나
그 아무도 관심을 갖지 않는다
안타까운 선교여인
목청이 높아져 간다
"예수 믿어 구원 받으시라고"

2000년 9월 지하철에서

나의 기도

이 세상 태여나
믿음위에서 둘이 만나
여지껏
하나로 살아온 것을
감사하게 하소서

수 많은 시간을 살아오면서
지친 무거운 마음들
스스로 비워냄으로
역지사지의 헤아리는 마음
새롭게 채워지게 하소서

저희에게 주신 선물 4형제
그 알밤 7톨
토실 탐스럽게 익어가는
가을이 되게 하소서

노을 짙게 물든 서편하늘
지는 해를 따라
나이에 밀리지 아니하고
나란히 손잡고
웃으며 살다가게 하소서

2000년 가을 알밤을 주으면서

홈런

홈런이다
모두 일어나
두 주먹으로 하늘을 찌른다

그래 맞아!
바로 그거야!
흥분과 감격으로
내 인생 한방
쾅!
담장을 넘겼으면 좋겠네

한 발자욱도 나를 떠나지 못하고
날개 없는 새가 되어
언제나 이 자리에 쭈그리고 살아온 나
저 담장 넘어 푸른 세상으로
내 인생
쾅! 홈런! 한방 날렸으면 좋겠네

2000년 가을 야구를 보며

나그네 사랑

어디서 왔는지
무엇에 묻어왔는지
나무인지 아님 풀인지
이름 모를 여린 생명하나, 내 버려진 빈 화분에
파아란 떡잎하나 내밀더니
바쁜 시간 뜨음한 눈길을 피해
어느새 줄기 뻗어 잎 피우고
드디어
할아버지 호박단 마우라 노란 단추처럼
새노오란 꽃망울을 떠뜨렸네
어디선가
모처럼 아주 모처럼
이름 모르는 나그네 벌 한 마리 찾아들어
나그네도 사랑을 속삭이네
달콤한 꿀 빠는 소리 들리네

2001년 봄에 옥탑방에 핀 꽃

도시의 비둘기

아장! 아장! 시린 맨발로
먼동 터오르는 이른 아침에
간지러운 모가지 흔들며 걷는 잰 걸음으로
뾰족한 입으로 모이 쫓는다
용케도
한번의 실수도 없이 먹을 것을 가려 먹는다

누가, 저 새를 평화의 상징이라 했는가?

높고 푸른 하늘이 아니라
낮고 낮은 땅위에서
똥 묻은 거리에서
먼지 쌓인 광장에서
행여나
아이들이 실수로
떨어뜨린 과자 부서기라도 만나면
어느새
떼지어 모여들어 몸싸움을 하며
모이 사냥을 한다

사람도 두려워 하지 않는다
사람의 발길을 살짝 피할뿐이다
맛있게 차려먹은 밥상에
흰 똥을 찍찍 쌀 뿐이다

2001. 5월

쌀벌레

살랑! 살랑! 내 옥탑방에
하얀 작은 나방이 날고 있다
아뿔사?
쌀 봉투를 열어보니
희고 묽으스래한 한 벌레가 끈적거리고
하얀 씨알을 깔았다

그런 줄도 모르고
오늘 아침에도 아니 어제도
번데기 밥을
그것도 시원한 냉국에 말아
맛있게 먹었다

지나간 80년대
내가 치를 떨던 쌀벌레
아침 저녁으로
내 이웃 비둘기 청하여
2주일을 정답게 나누어 먹었다

2002년 8월 여름에

기도

난, 이런 사람 되게 하소서
머리엔 솔로몬의 지혜로움이
가슴엔 예수님의 따스한 사랑이
얼굴엔 모나리자의 미소가

손에는 늘 개미의 부지런함이
다리에는 용마의 상쾌함이
몸에는 구들목 따스한 온기가
항상 스미는
이런 사람 되게 하소서

2003년 여름기도원 집회 참가하고

하늘공원(2)

하늘을 오릅니다
사람들로 버림받은 오물 쓰레기
다져져 다시 태어난 동산이
이제
사람을 부릅니다

해 넘어가는 하늘공원을
할멈 손잡고
힘들게 계단길을 오릅니다

높이 솟은 낯선 풍차가
돌리는 강 바람을 타고
하얀 억새꽃이 길을 열어
어깨 위로 흩날리며
우리 백발을 어루만집니다

서산너머 떨어지는 낙조가
서편 하늘자락을 곱게 물들이고
한강수로 내려앉아
하늘과 강이 하나되어 흐릅니다
노을 짙은 황혼길을
할멈 손잡고 걸어갑니다

2003년 10월 하늘공원에서

친구를 그리면서

친구야!
정말 보고 싶구나
어찌 되었나
살아 있는가?
아님, 돌아가셨는가
소식 좀 전해다오

친구야!
늙는다는 것을 어찌하랴
사람의 몸만큼 정직한 삶의 이력서는 없을 것이다
죽음의 그림자 드리워지는 것을 어찌하랴
그래도 살아있다는 것은 복이란다
지금이
우리가 살아 있는동안
가장 젊은 순간이란다
친구야!
우리들에겐 지금만 있을뿐
다음은 없는 것을 어쩌랴
살아있다면
소식 좀 전해다오
우리 서로 살아 있는 동안
더는 더 늙지 말고
잘 익어 가자구나

2003년 가을에

잠못드는 밤

어둠이 빛을 살라먹고
토해내는 샛카만 방
낮빛에 바랜 먼지 묻은 옷
그대로
혼란스런 하루를 보내고
잠자리에 든다

비몽사몽
먼지 뽀얗게 이는 신작로를 건너
뚝길따라 초원다방
마울실 벚꽃동산
등 넘어 상달골 옹달샘
목을 적시고
도래산 소나무 그늘에 앉아
정을 나누는
발가벗은 친구들
사랑의 이삭을 주워 먹고

자연의 돌계단 고갯길 중턱 배남곡
오두막 고향집 부엌에서

어머니가 밥상을 차리신다
"성내" 대청마루엔
할아버지가 긴 담뱃대를 털며
길고 흰 수염을 고르신다

잊고 싶은 내 고향 "칠원"
그러기에
더욱 간절한 고향길에서
우당탕! 깨어지는 소리
건물 주차장 쓰레기장 재생품 싣는 차에
쏟아 붓는 번영의 여명이
가위눌린 밤을 헤집고
또 하루를 깨운다

2005년 옥탑방에서

저승으로 가는 친구

죽음이라는 것도 결코
흐르는 세월을 붙들지 못하는구나!
무심코 흘러만 가는 세월의 강물에
떠내려만 가는 너를 본다

친구야!
서둘지 마라
급할 것 뭐 있나
강물을 휘저어라
어차피 가야할 길 혼자인 걸
강가 갈대밭
햇볕 따사로운 온기 느끼면서
구석자리 낮은 곳으로 몰리어도는
가랑잎들의 구시렁대는 소리 들으면서
잠시 쉬었다 가자구나

친구야!
개똥밭에 굴러도 저승보다 이승이 좋다하였단다
북망산천 가는 길이
바로 저기인 것을
문턱 넘어 황천이요 앞동산이 저승인 것을

어차피 빈 몸으로 가는 인생
서둘 것 뭐 있나

친구야!
귀하게 같이 태어나
종달새 같이 솟아날다
뜬 구름같이 가는 인생
너 영전 앞
타오르는 촛불 타오르는 분향처럼
모락 떠오르는 추억들이
눈물샘을 뜨겁게 적시는구나

그래 내 친구야!
너를 잡을 수가 없구나
잘 가시게나!
가서 좋은 자리 잡아 놓게나!
곧 따라가리이다

2005년 친구 우영이를 보내면서

왕재산 공원길

봄은 짙어 향기로운데
내 마음은 밑바닥 시려 된 서리가 내린다
빈 손으로 꾸러진 셋방살이

냉 막걸리 한병 쥐포 한 마리 들고
왕재산 공원을 오른다
낯선 골목길을 돌고돌아
공원 입구 낮은 담장위
빨갛고 노오란 꽃송이 사이로 하얀꽃이 잘 어울려
5월 햇살에 수줍어 얼굴 붉히며
해거름의 고단함으로
작은 입술 곱게 다물고
다소곳 고개숙인 부부꽃
활기찬 까만 입을 기다리며 줄지어 늘어서
외지에서 온 외로운 나그네를 맞는다

약수터 나무의자에 걸터 앉아
막걸리 한 병을 비운 텁텁한 입안을
약수 한 모금으로 헹구고
잘 정돈된 계단길을 피해

꼬불! 꼬불!
무수한 사람들의 발길에 밟혀 들어난
맨살길을 더듬어 오른다
나무뿌리의 질긴 끈기가
가난이 뭉쳐
실의가 뭉쳐
저 미친 탐욕이 으깨어
내 삶의 수렁을 매운다

2005. 6월 목2동에서

용왕정 팔각정

한 여름
초록의 짙은 싱그러움이 흐르고
한낮 우렁찬 매미소리도 목이 쉬고
서천에 구름 한 점 빨갛게 노을이 물들어
한가로운데
용왕정 팔각정에 올랐다

흑백이 잘 어울어진 반백의 노부부
나를 아는 채 손을 내밀어 나를 반긴다
부푼 배를 내 밀고 푸른 하늘을 마시고 있는
젊은 아낙의 배를 가리키며
내 손주라오! 크게 자랑을 하며
이 할애비를 닮아다오! 당부를 한다
노인장의 자신에 찬 환환 웃음에
"축하합니다" 나의 녹색 웃음을 보낸다

한 세대는 가고
또 한 세대는 오고
세상은 말없이 이어지는데
더운 가슴 활짝 열고
막걸리 잔 주고 받으니
모두가 내 이웃인 것을

2005. 8월에 용왕정 팔각정에서

아파트

땅의 거죽을 뚫고
거대한 괴물들이 솟아난다
땅을 토막질 내고
하늘을 짜르고
산을 뭉개고
물속에 잠자던 하마처럼
불쑥 솟아난다

마치 성냥갑을 다닥! 다닥! 포개 놓은 듯
콘크리트 덩어리가 포개져
비둘기 집이 되어
눈을 깜빡인다

오늘도 사람 비둘기 들이
해가 뜨면 나갔다가
해가 지면 돌아와

환한 불을 밝히고 사랑을 속삭인다

2006. 5월

삶의 입맛

배고픔의 입맛
침 깊이 삼키는 설움 중에 제일 큰 설움
벌거숭이 인생 창피한 몰골이다

내 나이 지학(志學) 중학교 시절
수도꼭지 빨던 점심시간
회비 못내 쫓겨난 한교 옆 5월동산
하얀 쌀 밥 한줄기 아카시아 꽃
시퍼렇게 멍이든 내 흉한 입술
텅빈 오두막집 지붕 밀대재느러미 뽑아
십자가 달린 우리집 안방 구둘목에 숨겨둔
옆집 소전골 아줌마 술독에 꽂아
보글! 보글! 끓어 오르는
거품 사이 비집고
달콤 새콤한 맛 빨아 배를 채우고
그나하게 곯아떨어진 불그스레한 내 얼굴보고
한 마디 말도 없이
술 찌개기 한 냄비에 파전 한 접시
덤으로 얹어 왔네

청올의 꿈을 안고 서울로 온 고교시절
뗑 뗑 뗑
전차길 굽어 돌아가는 화신 앞 종로사거리
수신호 하는 여경의 긴 호각소리
청계천으로 기어드는 모기소리로
내 의식 사그라드는 전차 안

백화점 옆 김내과 의원 응급실
"학생 정신 좀 들어?"
내 이마에 왠 아줌마의 따스한 천사의 손길
차마 눈을 뜰수가 없네

벌거숭이 된 내 몰골이 창피해
댕그랑 학생증 하나 남기고
감사합니다
고맙습니다
인사 한마디 한 조각 양심도
불타올랐던 내 향한 열도
다 팽개친 채 배신의 도망자가 되었네

지나간 내 삶의 뒤안길
맴도는 얼룩마저 퇴색해버린
하얀 이 그리움을 어찌하랴

오랜 세월 지난 칠순에
자식이 권하는 철철 넘치는 술잔에
살찐 송아지 갈비찜에
배부른 입맛 다시며 웃음 웃지만
찐하게 저려오는 가슴 안고
좋아리 걷어 올려 매질을 한다네

2007년 음력 4. 19.

로또의 꿈

오늘도
나는 습관적으로 복권을 산다
로또의 열기가
나의 냉 가슴을 데우고 있다
어제도
콩알 하나를 넓은 초원에 던져 놓고
높은 나무에 올라 그것을 꽂으려
바늘을 던지고 있다
옛날도
홍콩에 간 내 배만 돌아온다면
그 막연한 긴 기다림
아직도 버리지 못한 체
일주일 마지막 날 토요일 2시간
쾅!
혹시나가 역시나로 추락하는
묘한 꿈에서 깨여나
헛된 먼지를 털며 자비의 입맛을 다신다

붕어빵 속에 붕어가 없듯이
복권속에는 복이 없나보다

초대장

흘러간 세월의 여운을
그윽히 피여오르는
아카시아 꽃 향기와 함께
우리들 고귀한 사람을 나누고자 합니다
5월의 따사로운 태양아래
사랑의 발걸음 내 디뎌주시면
초록빛 차 한잔으로
마음의 길 열어두겠습니다

2007년 5월 고희를 맞아서

하루

눈을 들어
아침을 열면
동녘하늘
붉게 타오르는 태양이여라
불타는 꿈을 안고
힘차게 하루를 출발한다

바람도 스치고
구름도 드리우고
어느덧
노을이 짙게 핀다
결국
붉게 타오르는 태양은
서산 노을에 사그라든다

복잡하게 생각 말자
굳이 애 태울 것 없다
그저
고요한 검은 밤이 좋은 것을
단순하게
지금을 생각하자
내일은
또 하루가 되어 오는 것을!

2007. 5월을 보내며

비밀번호

OOOO
우리 새집 현관 비밀번호
쉽게 기억하라고
중간 세로줄 한줄에 이어져 있는
8가구 식구들이 함께 사용하는 공용번호
삐 -
혹시 누군가가 엿 볼까봐
조심 뒤를 살피며 누른다
철컥 쇠소리를 내며 문이 열린다
다닥다닥 모듬발로 힘겹게 올라
3층 302호 우리집 현관문
네 자리수 비밀번호로 문을 열면
작은 우리집 큰 안방에
넉넉한 넓은 가슴으로 내 마님이 나를 반긴다

내 방 간이침대에
내 영혼 평안히 눕히고
내가 알아야만 하는 비밀번호를 더듬어본다
1, 2, 3, 4, 5, 6, 7, 8, 9, 0
내 몸뚱아리 숫자부터

우리집 문 앞에서,
은행자구에서,
CD기 앞에서,
비밀번호를 모르면 야단나는 세상
모두가 숫자로 통하는 세상
왠지 씁쓸하다
저승문의 비밀번호를 모른 체!

2010. 12월

외로운 동침

자정이 넘었는데
안방이 시끄럽다

한 밤중
TV는 눈을 껌벅거리며
외로움을 달래고 있다

영원한 친구 할멈은 어디가고
싱거웁게 혼자 바보재롱을 떨고 있다

겨누기가 힘든 몸은 침대에 눕히고
혼자 곤히 잠든 칠순 할멈
코 고는 소리가 애처롭다

바보상자의 노래가락에
할멈의 코 고는 소리가 어울려
서글픈 고독을 씹는다

2010. 12월 마지막 토요일 밤에

담벼락 풀 한 포기

이사 온 새집에서
한 겨울을 보내고
안방 창문을 열면
담넘어 옆집 화단에 서 있는
목련화가
함박 웃음으로 봄 소식을 전한다

창문을 열면
목련 꽃 사이로
식당 건물 담 벼락에
어디서 왔는지
어떻게 살다 왔는지
빗물 맞이 수통 이어진
갈라진 틈새를 비집고 돋아난
이름 모를 잡초 한 포기

삶의 표피가 너무 두꺼워
물 한방울 없는 메마른 담벼락에 뿌리내려
우뚝한 뚝심으로 굳굳히 매달려
소슬 바람 결에
한들 푸른 춤을 추며
영혼 나간 사람들을 부른다

2011년 봄을 맞으며

흔들리는 마음

공부를 아니하고
맨날 놀기를 좋아한다고
오늘도 또 한바탕
엄마에게 꾸중을 들었다
이젠 정말 엄마의 잔소리가 싫다
쾅!
내 방문을 닫고 책상 앞에 앉았다

컴퓨터 게임이나 할까?
친구집에 놀러나 갈까?
아니다 망설이다
불을 끄고
팔(八)자로 벌렁 들어누워 버렸다

똑, 똑, 똑
별들이 창가에 내려 앉아 노크를 한다
"아는 것이 힘이다"
살며시 속삭인다
내 마음 자꾸만 흔들린다

2013. 3월 신학기를 맞아서, 손주들에게

사과나무 한 그루

하늘 기운 내려받고
땅의 정기 뽑아올려
푸르게
오늘
한그루 사과나무를 심는다

땀흘려 가꾸고
애써 보살펴
파아란 하늘자락
푸른가지 길게 뻗어
빠알간 은혜 열매
주렁! 주렁!
내일 향한
한 그루 사과나무를 심는다

2013년 은비 부동산 개업 축하예배 후

새우젓 축제

올림픽 평화공원
마포나루 새우젓 축제마당

김인지 연기인지 묘한 어울림
뾰얀 기류속에 피여나는 냄새
입맛 다시며
사람 발길 밟히는 길을 헤집고
널부러진 식탁하나 잽싸게 얻었습니다

꼼장어구이 한 사라 만원
돼지껍데기 한 사라 만원
막걸리 1병 삼천원
3등 인생의 만찬

밥 끓어오르는 소리 같은 일상의 생각들을 비우고
두 사람 마주 앉아
시장기를 채웁니다

식후 금강산이라
가설 무대 뒤를 비집고 빈자리를 잡았습니다

고운 아나운서 목소리의 멘트와
2류 가수의 귀에 익은 노래가락이 흘러납니다
모두들 흥겨워 손뼉치며
일어나 춤을 춥니다
왠지 우린 꾸워놓은 보릿자루가 되었습니다
내 아이들이 목에 걸려 옵니다

부부꽃

낮에는
하얗게 바랜 달이 싫어
외면한
입술 꼭 다문 부부꽃이
어두운 밤이 깃들면
불그레
얼굴 붉히며
서로를 반기며
낮에 못다한
사랑을 속삭인다

아버지와 아들

내 아버지는 산지기 였습니다
조상님들 영혼을 지키는 "능참봉" 이셨습니다

농촌 무산자로 태어난
소작인 농사꾼 아버지
애절한 사부곡을 불러봅니다

8살 내 어린 가슴에
짙은 그리움 남긴 채
불혹의 마흔도 갓 채우지 못한
젊음의 뜨거운 혼을
엄마의 젖가슴에 불어넣어
어린 두 남매 입에 물려놓고
아무도 없는 동짓날 긴긴밤에
외롭게 혼자 죽음의 의식을 치르신
죽음마저 고독하셨던 내 아버지
68년이 스쳐버린 동짓날 밤에
내 큰 자식 진웅이 얼굴에서
찐하게 인화된 내 아버지를 본다

2013. 12. 21. 동짓날

명지의 꿈

죽어도 떼어 낼 수 없는
내 마음 맨 밑바닥에 자리한 너
명지에 배움의 티를 잡았구나

가슴을 활짝 열어라
두 팔 힘차게 뻗어라

맑은 자유 마음껏 마셔라
젊음의 푸른 특권을 누려라

너 만의 색깔로 힘차게 날라 올라라
비약의 날개짓으로

높이 오르는 독수리보다
푸른 하늘 자락 따라 나는
한 마리 파랑새가 되어라

2014. 3월

재롱동이

엄마!
아빠!
그러고 큰 아빠 큰 엄마!
삼촌 작은 엄마!
할아버지! 할머니! 고모! 고모부!
댕그랑 언니 하나, 짓궂은 오빠들
모두 빙 둘러 앉아

일곱 번째, 귀염둥이 우리막내
아현아! 이리온!
짝짝! 짝짜꿍! 손뼉을 치면
섰다가 주저 앉고 주저 앉았다 다시 서서
뒤뚱 귀여운 재롱동이 한걸음 떼여 놓는
비틀! 비틀! 비틀거리다가
그만 또 넘어져 웃는
해맑은 웃음사이로 드러나는
댕그랑!
하얀 앞니 두 개

2014. 6. 29. 아현이의 돌을 맞아

동창생

규야! 선아!
그러고
덕이도, 둘이도 왔구나
서로 얼싸안고
토끼 마냥 뛰었다네

용인 민속촌 앞마당
돗자리 깔고
짝대산, 천지산, 장춘사
마울실, 도래산, 초원다방
깔티곡, 동댕이, 배남곡
칠원을 옮겨놓은 자리
세월이 데불고간, 옛 얘기 꽃 피워놓고
묵은정 타 마셔 취하니
앳된 소년 소녀 모습 그대로
발가벗은 우리 동무 틀림 없구나!

하지만 친구야!
시간이 너무 짧구나
단맛 깊게 스며든 능금알 같은

석연의 정을 감당할 수 없구나
몸은 비록 떨어져 있어도
우리 남은 인생 멋있게 익어가자구나
친구야! 우리 우정
복강아지 한 마리 입에 물려
곱게 머리 쓰다듬어 손 흔들어 보낸다

2014년 10월 민속촌에서

세월호 침몰

남서목 탁한 울음바다
찬 바람 모질게 보채고
안개도 짙게 눈물 머금고
바다새 울음 울고
구름도 붉게 타고 있다
차가운 저녁 서해 바다
하늘이 내려앉아 울음운다

돌아오라
제발 살아서 돌아오라
사랑해
실종자들의 애타는 기다림
피 섞인 오열! 절망! 분노!

돌아온 썰렁한 주검
깨여지는 파도소리가
숨 넘어가는 소리마저 집어 삼키고
뼈가 시린 썰렁한 바다
별들이 내려 앉아 울음운다

요나의 기적처럼
토해내는 생명들이
어둠사이로 몰려온다

2014년 세월호 침몰 하는 저녁에

그냥 좋았다

나는 선아가 좋았다

부자집 딸이라 좋았나
얼굴이 예뻐서 좋았나

그래서 끌리는 것이 없는 것도 아니겠지만
그 때문에 선아가 좋은 것은 아니랍니다
긴 세월!
선아가 좋은 것은
그냥 좋은 것입니다
그냥 좋은 것이 가장 좋은 것이기 때문입니다

2014년 민속촌에서 선아를 보내고

목련나무

우리 집 담장 넘어
시린 목련나무 한 그루
고운 가지 뻗어
우리집 창문으로 노크를 한다
새끼 손가락 끝마디 만큼 작은 잎눈이
점점부풀어
보송! 보송!
하얀 웃음으로 윙크를 한다
솜털을 달고

창문을 열면
서서럼 없이
허락도 없이
우리 안방을 살짝 넘겨본다

2015년 봄

에어콘

예전엔 우리
한 장의 부채로 불어 보낸 여름
그날엔 우리 모두는
삼복 무더위에 긴 밭고랑 콩 밭메다
땀에 흠뻑 젖은 삼배적삼 벗어던지고
한 바가지 우물 물로 등목으로
엎드린 몸을 움츠리며
시원하게 여름을 보냈는데

지금에 우리
얼음 바람 일으켜
가만 누워 여름을 식히려 해도
그날보다 더 더운 여름인 것을

우리가 변했나 계절이 바뀌었나
인간이 병이 들었나 세월이 더 길어졌나
시원함 때문 더 더운 여름
편리함 때문 헛갈리는 세상
윙 윙 윙
우리집 난간에
시래기가 힘겨워 땀을 흘린다

2015. 8월

보름달

하루를 깔고
한해를 보내고
잠자리에 든 나에게
오늘 따라
유난히 밝은 보름달이
창문으로 넘어와
둥근 얼굴 비비며
나와 동침을 한다

2015년 추석날

옥상 아이들

공부방에서 해방된 아이들
삼삼오오 떼를지어
왁작지껄 야단이 났다

움추린 가슴 활짝 펴고
하늘을 깊이 마신다

달아 달아 밝은 달아!
남녀가 서로 엮여
달타령을 하며 하늘 오른다
싱그러운 인생! 희망찬 얼굴에
둥근 보름달이 다가와
환환 미소를 짓는다

2015년 한가위 날

때 묻은 책상

소탈한 건물 현관
스트랜즈 작은 박스 안
때 묻은 책상 하나
언제나
어순순하게 널부러져 있습니다
그러나
여기엔
내 영혼이 깃들어 있습니다
내 생명이 살아 숨쉬고 있습니다
내 소중한 가족의 사랑이 넘치고 있습니다
내 소망이 피여나고 있습니다

바로 여기가
내 삶의 터전입니다
이 속에
그 나름대로 질서가 있습니다
또한 내가 살아가는 이유가 숨겨져 있습니다
오늘도
나는 그 이유를 찾아서
때묻은 내 책상을 뒤척입니다

여기가
치매를 예방하는 나의 훈련장입니다
간절한 내 남은 세월
별들을 그려놓고
곱게 색깔을 입히며
부지런히 숨을 쉬고 있습니다

2015. 10월

부부

지아비와 지어미
둘이래야 비로소 하나가 되는 사람
살그락! 살그락!
몸 부비는 소리
달그락! 달그락!
삶이 구르는 소리

초생달과 하현달의 분별속에
기쁨이 넘칠 때 눈물 흘리고
아픔이 넘칠 때 웃음 피우고
둘이 서로 서로에게 스며 들었습니다

우린 하나
요람에서 무덤까지 영원한 연인입니다
둘이 하나가 되는 비익조가 되었습니다
해거름 서산 그림자 길게 뻗히는
노을 고운 하늘 자락에
힘주어 날고 있습니다

눈으로 시작한 사랑이
가슴으로 옮아지는데
50년이 걸렸습니다

2013. 12. 16. 결혼 50주년을 맞아

금혼식

우리는
철길로 달려왔네
한치의 오차도 없이
사랑의 침묵으로
서로를 단단히 조이고
언제나 나란히
한 방향 한곳을 향해
둘이 하나되어 달려왔네

우리는 어느 한순간도 놓치지 않고
서로를 바라며
원하며
지키며
비가오면 비에 젖고
눈이 오면 눈을 맞고
가다가 강을 만나면 다리를 놓고
또 가다 산을 만나면 터널을 뚫어
힘겹게 달려온 철길 인생!
우리들 사랑!
결코, 바람 불어도 흔들리지 아니하고

눈에서 가슴으로 옮겨지는데
50년이 걸렸네

긴 세월!
길이 끝나는 종착역
일곱색깔 고운 무지개 서 있는
양지바른 언덕 저 넘어
세상과 또 다른 소통의 통로를 향하는
새길 저 멀리
두 철길이 만나는 소실점에
까만 점 하나를 찍는다

2015. 12. 16. 결혼 50주년에

톱니바퀴

우리는
톱니 바퀴로 살아왔네
같은 방향으로 돌지 못하고
늘 반대로만 돌아야 했네

하나로는 헛돌 수밖에 없어
이빨을 단단히 서로 물고
둘이 몸 녹여 하나되여
미움을 살라먹고
사랑을 엮었다네

때론 티격 불똥이 튀고 부딪쳐
몸이 벌겋게 달아오르면
윤활유로 식히고
긴 한숨 50년 세월
쉬지 않고
힘 모아 돌고돌아
지구를 돌리는 힘으로
우리들
작은 우주를 만들었다네

2015. 12. 16

동전

우리는
동전으로 살아왔네
나는 앞면
당신은 뒷면
서로 마주 볼수는 없어도
서로를 등에 지고
항상 함께함을 느끼며
하나임을 믿으며
지긋이 눈감고 살아왔네

우리는 어느 한 면이라도 지워지면
버려지고 마는 것을 알기에
모진 세파에 닳고 깎이어도
결코 변하지 않게 서로를 업고
서로를 얼리며 지키며
살아온 50년 세월!
열 일곱가지 곱게 뻗은
정자나무 되었네

2015. 12. 16. 결혼 50주년에

고부갈등

담 넘어서 들리는 소리로만 알았었는데
내 집 마당에서 꽹과리 소리가 난다
늙음과 젊음이 뒤 엉킨 협주곡이다

나이든 시어미는
젊어본지가 오래되어
그 마음을 잊었나보다
젊은 며눌놈은
늙어보지 않아
애미의 마음을 모르는가 보다
청춘과 노년의 세대차이가
사랑의 소용돌이 속에서 맞장을 뜬다

통즉불통(通則不痛) 불통즉통(不通則痛)
부모와 자식사이를 불책선(不責善)이라 했는데
온 식구가 마음이 아프다
애비와 할애비의 상판이 죽을상이다
아이들이 슬슬 눈치를 본다
선불리 끼어들어 꼬일까봐
입 다물어 속만 태운다

집 안팎이 적막강산이다

흐르는 세월이
지우고 가르치려니

잠자코 가는 세월속에
서로 맞장구를 치며
두 팔 가슴으로 서로 껴안을 그날
시어머님과 며느님을 본다

이해와 용서의 공간을 천국
그렇지 못하면 지옥인 것을

2015. 12월 둘째 은미의 반란

사랑의 손맛

보글
사랑찌개가 끓어오른다
그윽한 된장의 향기
찐하게 울어나는 사랑의 감칠 맛
코가 씰룩 입맛을 다신다

쪼물! 쪼물!
손끝에 무쳐지는 풋나물 무침
혀끝에 묻어나는 짜릿한 맛
50여년을 먹어 와도 질리지 않는 그 맛
오늘도
밥 한술 크게 떠서
풋나물 한 젓가락 얹어
된장국 한술 곁들여
오물오물
사랑을 먹는다

참 맛 있다
뽀드득! 뽀드득!
내 인생이 살찌는 소리

2015. 12월

연꽃

푸른 바다 길이 너무 멀어
실개천 여울목을 지나
흘러든 작은 연못
내 꿈의 씨앗 한 톨 흘러들었네

긴 세월!
진흙탕에 녹아있는
아비의 묵은 설음
한올 한올 뽑아올려
청아한 자태로 그윽한 향기!
한송이 연꽃으로 곱게 피웠네

봄꽃처럼 성급함도 없이
가을꽃처럼 서늘함도 없이
세월 한복판에
처염상정(處染常淨)
고고하게 피었네

밤이면 어두움이 싫어 하늘 올라
차 한첩 회심에 품고

하늘 정기 빨아들여
밤새 고운 별이 되었다가
아침 햇살 따스한 입맞춤에
하얀 가슴 수줍게 열고

푸른 쟁반에 받쳐든
"화심차" 한잔
그 향기 그윽하여라

피웅! 피웅!
붕어 한 마리
힘찬 용솟음

풍덩! 풍덩!
청개구리 두 마리
매끈한 미역질

동그르르 동그르르
믿음! 소망! 사랑
삼겹물살이 멀리 멀리
번져만 가는구나

2016년. 딸의 방통대 졸업식을 맞아

딸은 살림 밑천

딸은
우리사랑 씨앗이었네
메마른 우리 가슴에
사랑의 새싹 틔워
꿈틀대는 생명끈으로
우리 사랑 묶어 주었네
내 딸은 정녕!
우리 삶의 밑천이었네

딸은
우리 삶의 양념이었네
삶이 흔들려 지쳐 있을 때
생기 불어 넣어주는
입맛 돋구는 양념이었네
딸은 진실로
우리 삶의 밑천이었네

아버지는 못난이었네
딸을 제대로 안아준
기억 없는 썰렁한 아버지
인생 해거럼
허전한 빈 가슴에 파고드는
내 양념 딸은
정말로 두툼한 내 살림 밑천이었네

2016. 3월

외로운 군자란

창 틈으로 스며드는 겨울 찬바람
모진 시샘도
이기고 돌아온 장군아
두꺼운 유리창을 건너온
햇빛 알갱이 모아
배부른 임산부처럼
알게 모르게 배가 불러오더니
으싸! 으싸!
인고의 땀방울 흘리며
우주를 들어 올리는 힘으로
이기고 돌아온 장군아
빠알간 연지 찍은 꼭 다문
수줍은 입술 내밀고
어느새, 한번 움켜지면 쉽게 놓지 않는 끈기로
첫째 둘째 셋째 넷째, 스물 다섯번째
아무런 분란도 없이
천천히 아주 천천히
절서 정연하게 동그랗게 줄 지어서서
초록빛 지붕에 촛불을 치켜들었구나!

이기고 돌아온 장군아!
장군은 물러날 줄도 안다
나비 한 마리 찾아주지 않고
반기는 사람 드문 외로움 견디고
목이 메인 아픔으로 날개를 접고
화려해서 더 고독한 여행을 마치고
마침내 귀성장군이 되어
머언 고향을 찾아들어
내년 봄을 기약하며
긴 겨울잠을 청한다

2016. 5월

양수리 보름달

휘영청 달 밝은 밤에
두물머리 강뚝에서
양수리 59 후송병원
죽음에서 깨여나
위생병 어깨 일고 간호장교 손을 빌어
하나 둘! 하나 넷!
걸음마 다시 하던
군복입은 먼 객을 불러 앉히고
두 물줄기 서로 엉켜
한 줄기 되여 흐르는 한강수를 보네

남 한강물은 남이라는 성을 버리고
북 한강물은 북이라는 고향을 버리고
두물머리 너른 들에서
더 넓은 바다를 향해
한강되여 유유히 흘러가네

사랑하는 사람아!
믿어운 사람아!
묶은 나를 버리고
속된 너를 버리고
우리 모두 한 몸되여
한강수로 살아가세

2016년 봄날 두물머리에서

풍성한 은혜

오늘
내 마음밭에
한 그루
믿음 나무를 심자

믿음나무는 사랑을 먹고 자란다
그 사랑은 바로 그리움이다
그리움은 슬픔은 잉태하고
그 슬픔은 고독을 함께 한다
고독은 외로움을 부르고
그 외로움은 결국 사랑을 데려온다
바로 이 사랑이
위대한 믿음나무되어
주렁! 주렁! 은혜의 열매를
탐스럽게 맺는다

2016. 8월 교회

초코

무엇이 그리도 반가운지
얼굴도 보지 않았었는데
문도 열지도 않았는데
안에서 야단이 났다

문이 열리자 마자
무엇이 그리도 좋은지
몸뚱아리를 가누지 못하고
이리 뛰고 저리 뛰고
오줌을 질금 질금

어쩌다 어렵게 낚아채 부둥켜 안으면
껄끄러운 혀로 내 얼굴을 핥는다
뽀송한 털 끝으로 전해오는
따스한 초코의 온기에
내 묵은 생기가 솟아나
신바람이 인다

2016. 9월 예찬이 집에서

까치 노래

천둥 번갯불에
하늘이 찢겨 쏟아낸 소나기
성내고 지나간 옥상
까치 울음이 구른다

까치 까치 설날은
묵은 먼지 다 씻겨 가고
여름 열기마저 앗아간
깨끗한 옥상 콘크리트 바닥에
한 줄기 시원한 바람에 묻혀
까치 까치 설날은
까치가 노래 부른다
나도 부른다

2016. 8월

하늘 수박

버림 받은
수박씨 한알

계절 지나
장미꽃 화분에 세들어
파란 눈을 피우더니
가시돋은 장미꽃나무에 기대여
쭉 뻗어 오르더니
티눈 같은 작은 열매 맺혀
요술쟁이 요술처럼 점점 부풀려
주먹만한 하늘수박 하나
철 지난 장미집 지붕에서
초가을 바람에 흔들리고 있네

2016. 9월 옥상 장미화분에서

단풍과 낙엽

울긋! 불긋!
그 고운 빛깔
참! 예쁘다
그러고
참! 위대하다
재림 위해 떨어지는 낙엽
몸통 살리기 위해 희생하는 위대함이여
그러나
사그라드는 퇴색의 잔영으로
떨어지는 낙엽으로
낮은곳으로 더 낮은곳으로
저 구석진 자리
상처를 감싸고
내일의
푸른꿈을 안고 고이 잠든다

2016. 10월 도봉산을 오르며 37회 동창

은행잎

무더운 여름
기성을 부리던 해충을 막고
비와 바람 햇빛을 쥐고
열심히 하늘을 닦아
가을이 되어
하늘을 높이 밀어 올리고
하늘 가루를 푸른 잎에 묻혀
노오란 황금빛으로
세상을 아름답게 하는구나

나도 당신이란 하늘을 닦아
아름답게 지는
새노란 은행잎이 되었으면

2016년 용문산을 다녀와서

혼식

댕그랑
혼자 먹는 밥상

홀애비 아닌
짝이 있어 더 외로운 홀애비!

밥 맛이 없다
밥 맛 없으면 입 맛으로 먹지

이빨마저 사라진 서글픔
앞니로 우물
이 없으면 잇몸으로 살지

슬픈 적막이
목구멍으로 꽂힌다

2016년 가을날

첫 사랑

첫 사랑!
철조망 저너머
짙은 안개속
피여나는 하얀 외로움!

갈 수 없어 더 그리웁고
가질수 없어 더 안타까우며
사라질것이어서 더 애처로운

첫 사랑처럼
간절한 그리움이 피어오른다

2016. 10 철원 땅굴을 다녀와서

나는 고물입니다

또 한해가 저물어 갑니다
내 나이 8월의 문턱에 서 있습니다

나는 늘 울며 살았습니다
그래서 언제나 슬픔에 찌들어 있었습니다

그 어느 길 모퉁이에 버려져도
주워갈 사람 하나 없는
나는 망가진 고물입니다

나는 늘 분노하며 살았습니다
언제나 내 가슴엔 울화가 들 끓었습니다
사는게 사는 것이 아니였습니다
정신을 차릴수가 없었습니다
알맹이가 다 녹아버린 껍데기였습니다
알맹이는 다 내어주고
부자들의 발길에 이리저리 차이는
높은 담장 밑에 버려진 빈 깡통이었습니다

나는 나 자신을 팽개치고

그저 살아지는대로
가족도 모르고 사는 헛개비로 살았습니다
언제나
산다는 일에 서툴기만 했습니다

나는
가족도 모르는 철면피로 살았습니다
얼굴마저 아련한 내 아버지
철 없는 아들이었습니다
또한
자식들 목구멍에 밥 넘어가는 소리
듣지 못하는 맹한 아버지였습니다

정녕 나는
내 자식 대문앞에 버려져도
외면 당해 마땅할
나는 고물인생입니다

2016년을 보내며 8월 문턱에서서

낮잠

내 나이
칠순을 다 보내고
하루가 다르게 변해가는 몸뚱이를 어찌랴

옷 섶을
훌훌히 푸러해치고
정오의 나른한 봄
간이 침대에 맡기고

드르릉 곤히 떨어져 코 고는 소리
어렴풋이 느낄 때
어디선가 날아던 불청객
코 끝에 파리 한 마리

야한 간지러움에
찰싹!
스스로 뺨을 치며 깨어나는
낮잠 한숨, 그 단잠!
참! 맛있다

살아 낮잠을 즐기는 것에
감사한다

2016. 10월 높은 하늘 아래서

같이 밥 먹어요

밤새
어수수한 잠자리 떨치고
냉수 한 컵 입 가시고
아침 밥상 머리에 앉았다

여보! 같이 밥 먹어요!
된장국이 좀 짜요
다른 반찬도 다 짜요
나도 모르겠소
음식이 자꾸만 짜져가는지
손맛도 입맛도 늙는가보다
혼잣말을 남기고
침대에 몸을 던진다

여보! 같이 먹어요
입맛이 써
나중에 먹을게요
혼자 먼저 먹어요

손맛 변한 손을 만져주고 싶다
입 맛 연한 입술을 맞대고 싶다
나보다 먼저
아침 밥 한술 떠먹이고 싶다

2016. 12. 16. 결혼 51주년

헝컬어진 발자국

나는 오늘도 걷는다
하루 만보를 넘어가려
흔들리는 몸의 중심을 가누고
울퉁! 불퉁!
눈 먼자를 위한 튀어 나온 일자 보록길을
두 눈 똑 바로 뜨고도 비틀거리며 걷는다
뒤뚱! 뒤뚱!
일자선을 벗어나지 않으려 애를 써도
내 걸어온 발자욱이 헝컬어져 있다

태어나 엄마 손잡고
종종! 짝자궁! 아장! 아장! 아기걸음
죽었다 다시 태여나 간호장교 손잡고
하나! 둘! 하나! 둘!
왼발! 오른발!
지금은
비틀 비틀 홀로서서
외줄을 탄다
아무리 바로 걸으려 해도
지나온 내 삶의 발자국 헝클어져 있느것을 ……

2016. 12월 만보기를 차고서

주름살

내 얼굴
밤새 주름살이 하나 늘었다
이마에 붙여진 인생 계급장
이걸 얻는데
내 평생이 걸렸는데
나는 결코 웃을수가 없다

늙는다는 것이 두렵다
두렵다기보다 싫어
주름살을 지우려 맛사지를 한다
아침, 저녁
이마! 눈자위! 뺨! 목! 얼굴!
50x5 = 250회

이것이 보기 추해서가 아니다
그 뒤에 숨어 있는 내 속사람 주름살에
이끼가 끼일가봐
그것이 두려워서
나는 오늘도 마사지를 하는 것이다

할멈의 혀차는 소리가
안타깝게 들린다

2016년 한해를 보내며

밥솥이 말을한다

정말 세상이 많이 달라졌다
나무때는 아궁이 가마솥 누룽지
구멍탄 연탄불 스텐리스 솥
석유 풍로불 양은솥
가스렌지 가스불 양은냄비
전기불에 압력솥

방앗간 생쌀을 훔쳐먹던 참새족
배고픈 초췌한 인생은 가고
밥솥이 말을 한다
경기미, 찰진밥, 현미밥, 잡곡밥
입맛 따라 취미따라
눈을 깜빡이며 밥솥이 말을 한다

보글! 보글! 끓어오른다 절정에 이르러
모락 모락 숨을 몰아쉬고
힘겨워 가픈 숨을 내 품는다
푸쉬……
한숨 돌려 밥이 다 되었다고
잘 섞어 잡수시라

밥솥이 말을 한다
행여나 식을까봐
따스하게 데운다고 안심하라 노란눈으로
우리들 맨 마음을 함께 데운다

2016년 주방에서

세월

풀 잎에 베인 바람이
갈 숲에 주저 앉아 졸고 있어도

뜬구름 하늘자락 끝에
내려 앉아 쉬고 있어도

지축이 흔들려 땅이 갈라지고
비바람 폭풍우 바다 물이 넘쳐나도

인생 고갯길 넘고 또 넘어
생의 신호등에 빨강불이 켜 있어도

무턱대고 달려 만가는
무심한 세월이여

병신년을 보내며

세월 가는 소리

착각! 착각!
쉬임없이 가는 소리
세월 가는 소리
부끄럽고 아쉬워 들을 수가 없네

뜬구름 한조각
파아란 하늘자락 끝에서
잠시 머물다 쉬여가고
풀잎에 베인 소슬바람
길섶에 주저앉아 있어도
지치지도 아니하고 달려만 가는
세월의 무심함이여
찰칵! 찰칵! 찰칵!

태양은 어둠 살라먹고
다시 빛을 깔아놓는다
어제, 오늘 그리고 내일
어둠은 빛바랜 하루를 삼키고
밤의 고요함속에 적막을 깨운다

똑딱! 똑딱!
세월가는 소리
인생이 저물어 간다

2016년. 병신년을 보내고 2017년정유년을 맞으며

내가 병이 들면

어느 날
내 몸에 모진 병마가 찾아들면
나는 말없이 맞을 것이다
내가 싫다 외면해도
그놈은 쉽게 물러나지 않을 것이기에

태양이 내려 보내는 양기를
땅이 올려 보내는 음기를 받아
함께 고루 나누며
아픔을 서로 주고 받으며
서로 적당히 타협하며
아주 조용히
가만히
함께 살다 함께 갈 것이다

팔순을 맞으며

나그네

나는 외로운 나그네
긴 세월
여든 고개를
지옥과 천국사이를 오르내리는
묘한 길손이 되어 살았네

이제 팔순 고개 넘어서
낮은 곳으로만 흐르는 빗물되어
나를 낮추는 연습을 한다

저기 길 모퉁이를 돌면
죽음의 그림자를 볼 것이다
꿈은 아리송해지고
억척같이 살아온 내 삶은 무너지고
이제 나를 버리는 연습을 한다

체념 뒤의 한가로움
평화로운 천국 향하여
터덜 터덜
외로운 나그네 길을 가련다

2017. 8월을 지나서

엄마 찾아 천리길

참 기름 한 수대이고
마산 도회로 간
참 기름 장수 우리엄마!
신산 떼기 우리엄마!

몇 푼 안 되는 버스비가 아까워
머언 길 40리
토박! 토박!
맨발로 간
청산과부 우리 엄마!

하루 날 하룻밤을 지나
또 하루가 시들고 새 밤이 와도
돌아오지 않으시네
숙제를 아무리 천천히 해도
몇 번이나 기지개를 펴도
기다리는 우리 엄마 오지 않으시네

뚫어진 문 구멍으로
대문없는 삽짝 내다봐도

터덕 터덕
우리 엄마 무거운 발자국 소리
들을 수가 없네

엄마를 그리다가 지쳐
빈방 구들목
혼자 엎드려 훌쩍이던
아주 머언 옛날
노랑머리 내 누이
단발머리 정자가

긴 세월 지나
어깨위로 억세꽃 흩날리며
든든한 장군 셋을 앞세워
엄마 찾아 천리길
백마산 광주묘원
우리 위해 한 평생을 살다가신
엄마 젖 무덤에 엎드려
눈시울 뜨겁게
천국 향한 마지막 그리움 안고
엄마의 긴 이야기 듣는구나!

2017. 5. 5. 어머니 산소에서

나는 외롭지 않습니다

살아 있다는 사실이
나에게는 무한한 기쁨입니다
여기에는
간절한 내 기도가 있고
애틋한 나의 그리움이 있습니다
그러기에
내 가슴 설레임으로 저려 옵니다

인생 팔십 고래희?
좀 부족하고 모자라도
긴 세월
가슴 아리로 내 품은 한숨들이
하얀 찬 서리로
내 마음 밭에 내려도
그 아픔 감내하며
이기고 살아남은 기적으로
네 바퀴 쌍두마차가 달리고
일곱 색깔 고운 무지개가 떠오르고 있습니다
그러기에
내 마음 시리지 않습니다

내 비록
이제 서산마루에 생명 걸려 있어도
그래도
환희로운 동트임 있는
밝은 내일 있기에
내 생명 끊이지 않는
묘한 신비로움이 있습니다

여기에 내 영혼 하늘오르는
찐한 그리움이 녹아 있습니다
그러기에
나는 결코 외롭지 않습니다

2017. 5. 13. 팔순 생일상을 받으며

허! 허! 웃으며 살다 가렵니다

상도 벌도 받을 수 없는
고지식한 내 인생
지금 나는 맨몸으로
인고의 인생고개를 넘고 있습니다
고개마루에 걸러앉아
노을빛 곱게 펼치는 지는 해를 보며
인생 칠십 고래희를
인생 팔십 고래희라고
목청 높여 억지를 부리고 있습니다

흘러간 세월
구비많은 내 삶의 여정
타고난 내 인생 바꿔보겠다고
소년에는
두손 힘주어 책을 들었고
청년에는
한손에 패기를 또 한손에는 분노를 들었고
중년에는
한 손에 시기를 다른 손에는 질투를
그것도 모자라
얼굴에 눈꼬리까지 치켜 들었습니다

내 인생 사계절
노년에 들어서야
바뀌어야 할 것이 나 자신임을 깨닫고
들었던 것들 다 내려놓고
온 몸 다하여
사랑의 깃발을 꽂았습니다
눈으로 시작한 사랑이
가슴으로 옮겨지는데
정장 팔십년이 걸렸습니다

철들자 죽는다더니
이제는 온몸에 힘이 빠집니다
덤으로 사는 때 늦은 내 인생
고갯길이 숨이 찹니다
몸의 중심이 흔들립니다
그래도
넘어질수는 없습니다
튼튼한 네 쌍 기둥 일곱 석가래
버티고 있는 내 집에
펄럭이는 사랑의 깃발 굳게 붙잡고
이 생명 닳아 없어질때까지
내 남은 여정
여유롭게
허! 허! 웃으며 살다 가렵니다

2017. 5. 14. 팔순을 맞아

언제나 싱글벙글

싱글! 벙글!
오늘은 좋은날 기분 좋은날
하늘과 땅이 입맞춤하는 날
가슴 벌렁 벅차오르는 날
희망찬 세월
영원 하리라

언제나 어디서나
기쁘고 즐거워 신바람 일고
고되고 슬픈일 날려보내고
기쁜 일에 익숙하고 좋은일에 능숙하여
온갖 거짓 다 밀어내고
참됨과 진실로
서로를 잘 맞추어
한 마리 비익조 되어
언제나 싱글 벙글
믿음! 소망! 사랑! 가득 하여라!

2017. 5. 20. 은아 결혼을 축하하며 이모부가

하늘 수박

어디서 왔는지
무엇에 묻어왔는지
철 모르는 장미네 집에
세 들어 사는 늦깍기 하늘수박
가느다란 줄기
장미넝쿨 휘감아 하늘 오르더니
가난했지만 포근했고
비좁았지만 살가왔던 단칸방 지붕에
작지만 둥글고 예쁘게
대롱! 대롱! 매달린 하늘자락
쌍쌍이 몸을 엮은 잠자리 한 쌍이
사랑의 유영을 한다

2017. 7월

설익은 마음

거물에 걸리지 않는
색깔없는 바람에

아기의 앵두볼처럼
탐스럽게 붉어진
과일이
주렁 주렁
가을이 매달려

정이 익어가는 추석인데
아직도
설익은 우리들 마음
이를 어찌 할꼬

2017. 10. 4. 추석날에

묵은 사랑

자야!
그대 생각
담아도 담아도
끝이 없는걸 보니
그대를 향한
내 그리움은
지난 묵은사랑인가 봐

2017. 10. 31. 규야가

마지막 달력

벽에 걸려있는
하얀 세월의 장
열 한달의 무거운 세월을 등에 지고
댕그랑
한 장 남은 마지막 얇은 세월
그래도
오랜 세월이 아쉬워
지나다 열린 창틈으로
스며드는 바람에 펄럭인다

2017년 11월 달력을 넘기면서

모듬발

다닥! 다닥! 왼발! 오른발!
서로 먼저 앞으로
힘차게 내밀어 계단을 오르던 두 발이
이제는
우리 부부처럼
너 없인 못간다며
함께 하는 모듬발이 되었네

그것마저
행여나 넘어질까!
난간을 붙잡고 82계단을 오르다
숨이 차
휴우! 휴우!길게 한숨돌려!
무거운 짐이된 내 몸뚱아리
힘주어 다시 오른다

후다닥 한생들의 뜀박질 하는
청춘들의 곡예가 부럽다

2017년 12월 건물 계단을 오르며

방뇨

밝은 햇살이 두려워
불타는 생이 힘겨워
오늘도
짜증어린 밤을 맞는다
3등 인생!

구부러진 골목길
한산한 포장마차
삼겹살 한 사라
달랑 소주 한 병
친구가 없다
외로운 인생!

다찌노미 3잔
반병을 남기고 일어나
그 흔한 비틀거림도 없이 골목길을 나선다

희미하게 비치는 가로등 불빛을 등에 지고
어두운 그림자에 가려진 담벼락에
빗나가는 오줌줄기
맥 없는 잠지를 털고 목소리를 높인다

인생무상!
제기랄 허무한 세상!

2017. 12월에

영정

장례식장
국화꽃 향기 그윽히
가시는이의 영정이 웃음짓는다
스쳐 지나는 마지막 숨결인가
살아온 삶의 애달픈 미련인가
깜빡이는 마지막 눈빛
한마디 말도 없이 그저 웃기만 한다

마지막 가는 길목
산자들이 분주하다

영정을 든 장손의 눈에 이슬이 맺힌다
보내는 자들의 명복을 비는 기도가 슬프다

요단강 건너 저편 천국을 보는가
마지막 가는자의 눈가에 스미는 웃음이 뜨겁다

한 마디 말이 하고 싶은가
꼭 다문 입술이 떨린다

2017. 12. 14. 장명순 영결식에서

내 나이 팔순 지나 한 살

내 나이
벌써 팔순 지나 한 살
노을 진 서산마루에 걸렸네

내 나이가 너무 무겁다
그래서 내 몸이 꿈틀다
동작이 어설프고 너무 느리다
마치 달팽이처럼
언제나 나는 한 박자 느린 느림보

발걸음이 그렇고
손짓이 그렇다
말꼬리가 흐리고 어눌해진다
눈꼬리도 침침해지고 흩틀어진다
몸통은 느리고 마음은 급하다

몸통은 중심이 흔들린다
벽에 기대서고 무엇이라도 붙잡아야 기동을 한다

그래도 오늘도 나는 계단을 오른다
난간을 붙잡고 모둠발로
계단을 뛰어내리는 젊음의 활개침이 너무 부럽다

가로수 단장

홀딱 벗은 가로수
북풍한설 추위 이겨내
알몸을 마사지 한다

드르렁 잔가지 걷어내고
잎사귀의 잔명들
때 묻은 먼지 털어내고
푸른 진주옷 갈아입을
봄단장을 곱게도 한다

2018. 3월 구청 환경 가로수 정리를 보며

춘삼월

춘삼월
동산 오르는 가파른 언덕배기
봄꽃들이 오지게 피였네

나비는 꽃을 반겨 춤을 추고
꽃들은 나비 불러 품에 안았네

꽃과 나비
그 사랑 절절히 깊어만 가는데

세월은
봄 춘삼월
봄바람 타고 스쳐 지나가네

2018. 3월 용왕산 공원에서

울고 싶어라

남자는 쉬이 눈물 흘리는 것 아니라지만
오늘따라
허름한 대폿집 구석자리
막내놈 불러 앉히고
막걸리 한 사발 나누고 싶네

삶이 작란인가?
사는 일이 맘먹듯 물리지 않는 것이라지만
다친 마음 부여안고
쪼옥 살맛 잃은 입맛 다시며
목련꽃 지는 소리를 듣는다

삶은 고해라 했던가?
삶의 아픔이 서로 부딪혀
가슴은 멍이 들고
마음 문들은 꼭 닫히고
어둠이 허기 같은 저녁
속이 훤히 들여다보이는
눈물 먹음은 짝 잃은 막내 놈들!
힘 빠진 어깨 끌어안고
토닥! 왜 그랬어? 조금만 참지?
폭풍은 스쳐지나간 고유한 하늘 우러러
목 놓아 울고 싶어라

2018. 4월 막내 이혼 소식을 듣고

살아간다는 것이

삶이 무엇인가?
누가 내게 물어온다면
나는 아무 말도 할 수가 없네

일부러 재미있는 척도 못하겠고
그렇다고 재미없다고도 못하겠으니 말 일세

긴 세월 사는 동안 따스한 햇빛 드는 양지도 있었고
모진 비바람 차가운 음지도 있었으니 말 일세

살아간다는 것이
어찌 날마다 웃는 일만 생기겠는가
그려 날마다 우는 일만 생기겠는가
인간사 모두가 새옹지마라 하지 않았던가

그저 웃을 일 생긴다면 좋아라, 시원하게 웃어주고
그냥 울일 생긴다면 가슴 적셔 울어주면 되느니
살아간다는 것이
잘 살고 못살고 다 내 몫이라네

그래도 사는 것이 무엇이냐?
누가 내게 다시 물어온다면
내 굽은 등허리에 길며진 전화위복
소중한 꿈 보따리
살며시 내려 헤쳐보라고 말하고 싶네

2018년 5월 5일 성묘길에서

동행(둘이서)

우리는 하나!
네가 걸어갈 때
내가 보이지 않는 길이 되고
내가 걸어갈 때
네가 보이지 않는 하늘 되어
둘이 하나 되어 걸어가는 길

내가 푸른 하늘로 힘주어 팔을 뻗을 때
네가 내 다리가 되고
네가 굳은 땅에 힘주어 걸을 때
내가 네 팔이 되어

이 넓은 땅 위에
저 높고 푸른 하늘 아래
둘이서 하나 되어
한 점 부끄럼 없이
당당하게 길을 떠나세

2018. 5. 10. 당신 생일날에

추억은 꿈을 먹고

꿈은 영원한 나의 미래
황홀한 나의 소망
추억은 나의 과거
외로움은 나의 고독

한번 왔다 가는 인생
꿈을 먹고 자라 추억을 되새김하다 가나보다

꿈도 추억도 모두 그리움 되어
언제나
엄마의 젖무덤처럼 다정하다

꿈도 추억도
초파일 절로 가는 길가 줄지어 매달려 있는
오색 연등처럼
황홀한 소망을 달고 왔다
어느새
옛날의 등을 타고 먼데서 온 손님으로
외로운 고독 삼키며
노을 물던 서산마루
한마리 낙조되어
어둠 속으로 사라지겠지

2018. 5. 22. 용왕산 팔각정을 오르면서

남은길 (여생)

팔십하고도
또 한 고개

나뭇가지에 바람이 걸린다고
바람 잡을 수 없고

산등성에 달 떠올라 걸렸다고
달 따지 못 하네

빨리도 가는 세월 잡은들 무엇하랴
가는 세월 꼬리 물고 따라 다시 오는데

급할 것 뭐 있나
속세에 찌들어
천근만근 무거운 몸
쉬여나 가세

부는 바람 따라
흐르는 구름 따라
꼬불꼬불 이어지는
얼마 남지 않은 내 남은 골목길
휘청 휘적거리며 길 떠나보세

2018. 6. 2. 생일날

세라에게, 진호에게

오늘은 나 생일이라고 모인자리
너희의 멋진 웃음 사라진 가족모임
추수 끝난 빈 들판 한 모퉁이
외발로선 허수아비 되어 은빛 울음을 울고 있단다
17자리 열자리가 14자리로 시커멓게 멍든 빈자리
내 시야를 흐리게 하여 일어나는 현기증을 여든
한 살의 내 몸이 감당할 수가 없구나

세라야! 사랑한다고 했다가
미워한다고 했다가
용서한다고 했다가
그 하나도 감당하지 못하고
헤어진 너희들 그 터전엔 사랑의 씨앗이 남아 있음
을 믿는단다
비록 아직은 힘들겠지만 그저께도 가고 어제도
가고 오늘이 와서
세월이 익으면 이제 남겨진 것은 이별이 아니고
미움도 아니라
사랑이라는 열매 주렁 주렁 열릴 것을 믿는단다

사랑하는 막내들아!
오늘도 이 애비는 너희들 생각에 무거운 밤을
지새우고
그래도 찾아드는 새벽이기에 내 작은
책상머리에 앉아
훤히 터인 줄무늬 건널목을 건너오는 두 손 잡은
다정한 너희를 보며 하루를 연다

2018. 6. 2. 아버지가

돌맞이

엄마! 파파!
생긋! 생긋!
싱그러운 웃음 한번 웃고
맘마! 맘마!
얄밉게 보채며
농익은 사랑 먹고 백일잔치 열렸네

하늘이 열리고, 땅이 춤추고

아침 햇살 버무려 쥐고
야무지게 일어나 한발자국 띠는가 싶더니
비틀 댕그랑, 앞니 두 개 살포시 내밀며
해 맑은 웃음 피워 물고
드디어 첫 걸음 떼여 놓았네

넘어지기 반복하다 온 식구 겹겹이 둘러앉아
사랑의 요술쟁이 자랑스러운 우빈아!
이리 온! 이리 온!
짝짝! 짝짝꿍! 손장단에
뒤뚱! 뒤뚱!

재롱잔치 흥겨웁네 요술걸음

사랑스런 우빈아!
우리자랑 우빈아!

언제나 어디서나

마음은 모닥불처럼 따뜻하고
인품은 하늘처럼 높이며
성품은 가을볕처럼 온화하여라

말씨는 강물처럼 고요하고
행함은 이슬비처럼 침착하고
눈빛은 별빛처럼 그윽하여라

꿈은 산처럼 크게 갖고
시간은 황금처럼 아껴 쓰며
이제
햇빛 찬란한 네 인생길에서
네 발걸음은 마라토너처럼 강건하여라

2018.11.24. 이모할아버지가

돌아가는 여생길

여러 날?
여러 해?
여러 곳을 기웃거리다가
시간이 많이 걸렸네

인생길?
나그네길?
낯설고 물선 거리
신사로를 방황하다 건널목에 멈추었네

신호등?
깜빡이는 유턴의 신호 따라 되돌아서
나 이제 내가 되었네

저승길?
그 아무도 원하지 않는 길이지만
그 누구도 꼭 가야만 하는 길
저승길로 이어지는 내 남은 여생길

비보호길?
조심, 조심 돌아가고 있네

2018. 12. 31. 한해를 보내며

해돋이 명상을 보며

바다가 끓어오른다
하늘이 탄다

천지개벽이야!

불덩이가 솟는구나!

눈이 번쩍 뜨인다
가슴이 용솟음친다
몸이 후끈하게 달아오른다

2019년 기해년 1월 1일

하루가 열린다

오늘이 어제로 밀려나고
내일이 오늘 되어 앉는
대 우주의 섭리 속에

햇살 머물러 이고 지고온 80여년의 세월
이삭처럼 남겨진
해묵은 흔적들을 더듬다
딩동! 딩동! 새벽 5시
알람 소리에 또 하루를 연다

자꾸만 굳어져 가는 몸
내가 스스로 개발한
침대체조로 몸을 풀고
잠자리를 털고 일어나
화장실체조로 몸을 고르고
큰 숨 한번 쉬고 청소를 한다

버림받은 삶의 부스러기들 모여
재생의 귀향길
소각의 저승길
각기 제 갈 길로 보내고
건물 안팎을 쓸고 닦고

내 마음 해묵은 오물을
찬 물로 씻어낸다
변함없는 7시 30분
너구리 한 마리
통 큰 아침식사를 하고
건널목이 바로 보이는
한 뼘 남짓한 현관 관리실
너절한 책상머리에 앉아
조간신문에서 세상을 더듬는다

아침 햇살이 싱그럽다
건널목을 건너는 샐러리맨들의
발길이 분주하다

안녕하세요?

현관문을 열고 들어서는
한 지붕 한 가족들
아침 인사가 정겨운다

소중한 나!
더 좋은 너!
사랑스런 우리!
오늘도 좋은 일이 있을 것이다

백수 잔치

이순, 고희 건너뛰고
회수, 뜰 한 바퀴 돌며
미수, 대청마루 지나
백수, 안방 구둘목에 앉아 있네

백수를 축하합니다
자손들의 큰절 받고
장하고! 고맙구나!
뜨겁게 눈시울 적시네

백수를 축하드립니다
고종명의 복을 비는
후배들의 인사말엔
재수없어 구둘목 신세라고
늘어놓는 복에겨운 독백 속에
나이를 꼭꼭 씹어 먹어라
덧붙이는 당부 말씀
우리 가슴 저려오네

선배의 백수잔치에서

영원한 생명

그대 함께 있음에 웃음 웃고
그대 같이 있음에 마음 든든했는데

그대 이제 떠남에 붙들 수도 없고
그대 이제 올 수 없음에 동행 할 수도 없구려

그대가 웃고 가는 마지막 길에
그 아무것도 할 수 없는
텅 빈 가슴 부둥켜안고
살짝 돌아 앉아
소리 없는 울음 삼키며
살며시 눈 감고 기도 한다오

그대여!
울며와 힘겹게 살아온 한 세상
모든 것 다 내려놓고
욕망 걷힌 빈 마음으로
찬란히 빛나는 하늘나라
영원한 생명 누리소서

2019. 7. 3. 윤병호를 보내고

은혜의 강물

생의 살이 아픈 자
삶의 마음이 괴로운 자
모두 모여라

불볕더위 숨이 가픈 자
갈증으로 목이 마른 자
함께 모여라

남루한 삶의 너울
훨훨 벗어놓고
유유히 흐르는 은혜의 강물
몸을 맡겨라

자르고 갈라내도 변하지 않고
덜고 퍼내어도 줄지 않는
풍성한 "은혜의 강물"
내 맑은 영혼 촉촉이 적셔
목청 높여 찬양하리라

2016. 8월 교회